POR QUÉ

EXISTEN REGLAS EN UNA CIUDAD

SHELBY MORAN

TRADUCIDO POR ESTHER SARFATTI

PowerKiDS press

New York

Published in 2019 by The Rosen Publishing Group, Inc.
29 East 21st Street, New York, NY 10010

First Edition

Translator: Esther Sarfatti
Editorial Director, Spanish: Nathalie Beullens-Maoui
Editor, Spanish: Natzi Vilchis
Editor, English: Jennifer Lombardo
Book Design: Tanya Dellaccio

Photo Credits: Cover Robert Kneschke/Shutterstock.com; p. 5 Sawaya Photography/Photographer's Choice/Getty Images; p. 7 Andersen Ross/Blend Images/Getty Images; p. 9 avid_creative/E+/Getty Images; p. 11 Orchidpoet/E+/Getty Images; p. 13 Mark Breck/Shutterstock.com; p. 15 Hurst Photo/Shutterstock.com; p. 17 Marc Bruxelle/Shutterstock.com; p. 19 RichLegg/E+/Getty Images; p. 21 Steve Debenport/E+/Getty Images; p. 22 Nanette Grebe/Shutterstock.com.

Cataloging-in-Publication Data

Names: Moran, Shelby.
Title: Por qué existen reglas en una ciudad / Shelby Moran.
Description: New York : PowerKids Press, 2019. | Series: Por el bien común | Includes glossary and index.
Identifiers: LCCN ISBN 9781538335543 (pbk.) | ISBN 9781538335536 (library bound) | ISBN 9781538335550 (6 pack)
Subjects: LCSH: Cities and towns–Juvenile literature. | Law–Juvenile literature. | Social norms–Juvenile literature.
Classification: LCC HT152.M68 2019 | DDC 307.76–dc23

Manufactured in the United States of America

CPSIA Compliance Information: Batch CS18PK: For Further Information contact Rosen Publishing, New York, New York at 1-800-237-9932

CONTENIDO

Tu ciudad es una comunidad

Una comunidad es un grupo de personas que viven o trabajan en el mismo lugar. Los miembros de una comunidad comparten ideas y valores similares, y a menudo se preocupan por las mismas cosas. Existen muchos tipos de comunidades diferentes, entre ellas tu familia y tu escuela. Tu ciudad también es una comunidad.

La gente generalmente quiere lo mejor para su ciudad. Cuando alguien hace algo que **beneficia** a toda la comunidad, esa persona está trabajando por el bien común. Tú puedes contribuir, o dar algo, al bien común de tu ciudad cuando sigues sus reglas. Es importante saber que las reglas sirven para que una ciudad funcione mejor y para que los miembros de esa comunidad estén contentos.

Las reglas son importantes

En las ciudades hay muchas reglas. Tal vez algunas personas crean que hay demasiadas. Sin embargo, las reglas existen por el bien de la comunidad. Ayudan a que la gente se sienta segura y feliz. Sin reglas, habría caos o una falta total de orden. Eso es muy malo para una comunidad.

Las reglas sirven para que la gente sepa qué cosas puede y no puede hacer. No existen las mismas reglas en todas las ciudades, pero dentro de una ciudad todo el mundo tiene que seguir las mismas reglas. Estas reglas deben ser justas para que a nadie se le trate de forma diferente. En una ciudad las reglas se llaman *leyes*.

Please have your dog on a leash.

Please pick up after your pet.

11

Segura y limpia

Las ciudades tienen muchos tipos de leyes. Algunas sirven para que la gente esté segura. Existen leyes de **tráfico** que deben seguir los conductores, como detenerse en los semáforos en rojo y manejar dentro del límite de velocidad. También hay leyes acerca de dónde se puede caminar o andar en bicicleta. Estas reglas son para la seguridad de todos los que viven en la ciudad.

Las ciudades también tienen leyes que sirven para que la comunidad tenga un **aspecto** agradable. Existen leyes acerca de dónde se puede dejar la basura para su recolección. Otras leyes **prohíben** que la gente deje papeles, latas, botellas y otros restos en el suelo en lugares públicos. Estas leyes ayudan a mantener las ciudades limpias, lo cual hace feliz a la gente que vive en ellas.

Algunas reglas ayudan a los empleados de la ciudad a hacer su trabajo. En las ciudades donde hay mucha nieve, existen leyes acerca de dónde puede estacionar la gente sus autos en la calle. Cuando no hay autos en la calle, es más fácil que los camiones quitanieves hagan su trabajo. Cuando las calles están limpias, son más seguras, y eso beneficia a todos.

Crear y romper las reglas

Cuando alguien rompe las leyes de una ciudad, se puede meter en problemas. Los que dejan basura en lugares públicos podrían recibir una multa. La gente que rompe las leyes de tráfico podría perder el derecho a manejar un auto. Los que hacen cosas aún peores, como **robar**, posiblemente acaben en la **cárcel**. Las leyes de una ciudad sirven para que los miembros de la comunidad se porten bien.

Las **autoridades** de una ciudad, como el alcalde, se encargan de crear leyes para esa ciudad. Si tú crees que hace falta tener nuevas leyes o cambiar las que existen en tu ciudad, puedes ir a una reunión pública **municipal**. En estas reuniones, todos los miembros de la comunidad pueden compartir sus opiniones y hacerse oír.

Bueno para todos

Cuando sigues las leyes, demuestras que respetas a tu comunidad y a la gente que vive en ella. Las leyes de una ciudad evitan conflictos o peleas, e informan a la gente sobre cómo debe portarse. Las reglas ayudan a que los miembros de la comunidad hagan lo correcto.

GLOSARIO

aspecto: manera en que alguien o algo se ve.

autoridad: persona que está al mando.

beneficiar: hacer algo bueno para alguien o algo.

cárcel: lugar donde se encierra a la gente que rompe la ley.

municipal: relacionado con un pueblo o una ciudad.

prohibir: evitar que se haga algo.

robar: tomar algo que no es tuyo de forma ilegal o incorrecta.

tráfico: autos y camiones que circulan o se mueven en cierto lugar.

ÍNDICE

SITIOS DE INTERNET

Debido a la naturaleza cambiante de los enlaces de internet, PowerKids Press ha elaborado una lista de sitios web relacionados con el tema de este libro. Este sitio se actualiza de forma regular. Por favor, utiliza este enlace para acceder a la lista:
www.powerkidslinks.com/comg/town